LA VOLIÈRE,

OU

LES OISEAUX POLITIQUES,

VAUDEVILLE EN UN ACTE,

PAR MM. DE LEUVEN ET BRUNSWICK.

REPRÉSENTÉ, POUR LA PREMIÈRE FOIS, A PARIS, SUR LE THÉATRE DU GYMNASE-DRAMATIQUE, LE 16 MAI 1850.

DISTRIBUTION DE LA PIÈCE.

JACQUOT, marchand d'oiseaux	MM.	GEOFFROY.
PINCETOUT, oiseleur		ALEX. LANDROL.
MELONNINI		PRISTON.
CASCARET, commis de Jacquot	Mlle	VALÉRIE.
LE CANARD	MM.	VILLARS.
LE SERIN		LESUEUR.
LE CHAT-HUANT		MARCHAND.
LE DINDON		BORDIER.
UN PETIT PERROQUET VERT		Le petit EDMOND.
UN PETIT PERROQUET BLANC		Le petit AUVIGNE.
FRANCINETTE, poule blanche	Mlles	MACÉ.
UNE HIRONDELLE		WOLFF.
DEUXIÈME HIRONDELLE		JENNY.
TROISIÈME HIRONDELLE		DELPHINE.
UN COCHER	M.	MANTE.

CORMORAN,
L'OIE,
LA GRUE,
LA CHAUVE-SOURIS,
PERROQUETS,
HIRONDELLES,
} Personnages muets.

NOTA. — S'adresser pour la Musique à M. Jubin, bibliothécaire et copiste, au théâtre du Gymnase.

Le théâtre représente un jardin ; de tous côtés on aperçoit de grandes volières remplies d'oiseaux de tous genres.

SCENE I.

JACQUOT, CASCARET.

(*Au lever du rideau la scène est vide.*)

JACQUOT, *appelant dans la coulisse de gauche.*

Cascaret !...

CASCARET, *dans la coulisse de droite.*

Bourgeois !

JACQUOT, *criant.*

Les oiseaux doivent avoir faim... donne-leur donc à manger.

CASCARET, *accourant.*

Oui, bourgeois. (*Il entre tenant un petit panier rempli de graine.*)

JACQUOT, *entrant.*

Cascaret !... (*L'apercevant.*) Ah ! c'est bien heureux !... Monsieur Cascaret, s'il vous arrive de faire encore jeûner mes oiseaux, je vous flanque à la porte de mon établissement, de mon bazar de volatiles.

CASCARET.

C'est drôle tout de même, que vous, monsieur Jacquot, un ancien notaire, vous vendiez des chardonnerets, des pinsons, des perroquets.

JACQUOT.

Eh bien, quoi ! c'est l'exploitation de l'oiseau par l'homme !...

CASCARET.

Mais, bourgeois...

JACQUOT.

Tu m'impatientes !... Va-t'en, et porte ce qui te reste là de graine à ma jolie poule blanche, ma benjamine, ma Francinette, et que, dans mes moments de gaieté, j'appelle ma petite France.

CASCARET.

Oh ! dites donc, à propos de ça, le Canard fait drôlement de cancans sur votre petite France.

JACQUOT.

Bah !

CASCARET.

Dame !... il rôde autour d'elle pas mal de prétendants !...

JACQUOT.

Chut ! Je sais bien .. je sais bien qu'il y a des prétendants...

mais ça ne te regarde pas; c'est à elle de fixer son choix... Va faire ce que je t'ai dit... Ah! Cascaret, ferme bien toutes les portes.

CASCARET.

Oui, oui... à cause de monsieur Pincetout, votre voisin.

JACQUOT.

Cet horrible oiseleur... Il rôde toujours autour de mes volières pour saisir et piper mes oiseaux. (*On entend à l'extérieur le cri du Canard*) Allons bon! voilà déjà le Canard... Il vient encore nous apporter de fausses nouvelles... C'est bien le bipède le plus hâbleur, le plus... dentiste que je connaisse.

SCENE II.

LES MÊMES, LE CANARD.

LE CANARD.

AIR : *Canard, canard.* (Caleb.)

Mes deux poumons sont de bons démocrates;
Je vais criant qu'on va revoir chez nous
Raison, génie, inspirer nos Socrates,
Et nos Solons dîner à vingt-deux sous;
Je vais criant : Egoïsme, ignorance,
Ambition, qui de tout fait sa part,
Orgueil, intrigue, et tous les maux de France,
C'est aujourd'hui le jour de votr' départ...
Canard, canard, canard!
Ah! vive le canard!
Oui, vive le canard!

JACQUOT.

Canard, ta place n'est pas ici... elle est dans la basse-cour ou dans la rivière... Barbotte, mon ami, barbotte!...

LE CANARD.

Il n'y a pas que moi qui barbotte en France; d'ailleurs, c'est ma mission de troubler l'eau.

JACQUOT.

Quant à ça, je ne te blâme pas, surtout dans ce moment-ci.

AIR : *Je loge au quatrième étage.*

Jadis la Franc', comme Narcisse,
Fière de fraîcheur, de santé,
Mirait quelquefois, par caprice,
Dans l'eau du fleuve, sa beauté;
Elle charmait sa vanité.
Les temps sont changés, camarade,
L'eau devient un triste miroir,

Trouble-la... le pays malade
Frémirait, s'il pouvait s'y voir.

LE CANARD.

A propos, vous ne savez pas? nos deux candidats... ils ne seront pas nommés... A la fin de leur profession de foi, ils ont eu l'imprudence de dire qu'ils avaient un domicile!... Ils échoueront contre les deux autres, qui ont l'avantage de n'en pas avoir. Ah! vous ne savez pas? Paris touche à un grand cataclysme.

CASCARET.

Cata, quoi?

LE CANARD.

Clisme!... Depuis longtemps il s'organise une vaste conspiration contre la république.

JACQUOT.

Ah! sapristi!... Ah! quel malheur!... Sapristi!...

LE CANARD.

Le nombre des affiliés est immense... On connaît le lieu de leurs réunions.

JACQUOT.

Où se rassemblent-ils?

LE CANARD.

Sur le pont Neuf, dans la statue d'Henri IV.

JACQUOT.

En voilà un canard!

LE CANARD.

Quand, quand, quand, quand on passe le soir, on les voit entrer dans le cheval... ils sont tous à la queue.

JACQUOT.

Canard! il fallait rester chez toi, si, en fait de nouvelles, tu n'avais...

LE CANARD, *se fâchant.*

Ne parlez jamais de navets devant un canard. (*Cascaret sort.— On entend la ritournelle de l'air suivant.*)

SCENE III.

JACQUOT, LE CANARD, *puis* FRANCINETTE.

JACQUOT.

Eh! j'entends ma petite poule Francinette!

FRANCINETTE, *entrant.*

AIR *de Vert-Vert.* (Par une route solitaire.)

Cod, cod, cod, cod, cod, cod, codette!
Me voilà, c'est moi Francinette,
Et je compte dans le pays

De nombreux, de brillants partis.
Oui, chacun d'eux voudrait fixer mon choix,
Mais je ne sais vraiment à qui donner ma voix,
S'engager avec eux, c'est un grand embarras,
Et je crains les faux pas...
Cod, cod, cod, cod, cod, cod, codette,
Me voilà, c'est moi Francinette,
Et je compte dans le pays
De nombreux, de brillants partis !

JACQUOT.

Eh bien, ma pauvre Francinette, toujours solitaire, rêveuse, quêteuse.

FRANCINETTE, *soupirant.*

C'est vrai, père Jacquot, je cherche...

AIR : *Adieu, je vous fuis, bois charmant.*

Je ne sais pas si l'avenir
Me prépare quelque trouvaille;
Le présent ne vient pas m'offrir
Ici des perles sur la paille !
Vous me direz : quels sont tes vœux ?
Je ne le sais pas bien encore...
Mais il me semble que je veux,
Quelque chose... qui me restaure.

JACQUOT.

Ah ! mon Dieu ! ma Francinette, ma petite France !... mais vous boitez, ma chérie !...

FRANCINETTE.

Vous ne vous en aperceviez pas ? Il y a plus de deux ans que j'éprouve des difficultés dans ma marche

JACQUOT.

Oui, oui, en effet, j'ai remarqué que tantôt vous penchiez à gauche, tantôt à droite... Dites donc, prenez garde à ça, il faut faire une consultation générale.

FRANCINETTE.

J'en aurais bien envie; mais il paraît que je n'ai pas le droit de consulter avant 1852; on prétend que je peux aller jusque-là sans danger.

JACQUOT.

Ta, ra, ta, ta !... ce n'est pas mon avis Je déclare que vous avez besoin d'un soutien... Prenez un mari ; vous ne manquez pas de prétendants.

FRANCINETTE.

Je le sais.

JACQUOT.

D'abord, nous avons le citoyen Vautour... il ne serait pas fâché de goûter à votre cuisine ; il a fort appétit.

FRANCINETTE.

Nous avons aussi le Coq.

JACQUOT.

Pauvre Coq ! il voudrait bien percher à côté de vous, et si vous lui tendiez la perche...

FRANCINETTE.

Et le Duc, comme il soupire pour moi.

JACQUOT.

Ça ne serait peut-être pas un mauvais parti!... Et l'Aigle, donc! comme il vous fait de l'œil!...

FRANCINETTE.

Oui, c'est une association de soupirants non réunis. J'ai eu ce matin un entretien sérieux avec tous les quatre.

JACQUOT.

Avec tous les quatre à la fois?

FRANCINETTE.

Pourquoi pas?

AIR *du Domino noir.*

En amour, comme en politique,
L'usage veut qu'on soit discret,
En tête-à-tête l'on s'explique...
Moi, je n'aime pas le secret.

De chacun pesant bien l'ardeur,
Faisant le compte de l'erreur,
Je leur ai dit tout ce que j'avais sur le cœur !
Le Coq brilla par ses travaux ;
Sous sa truelle et ses ciseaux
De son tombeau
Versailles sortit tout nouveau.
Par sa force, le calme brille,
Et, vigilant réveil-matin,
A l'ouvrier, à sa famille,
Chaque jour il donna du pain.

Le Duc, on l'appelle boudeur,
On lui reproche sa froideur...
Pour son honneur,
Je réponds à l'accusateur :
Si l'homme riche ne fait pas

De grandes fêtes, du fracas,
C'est par pudeur...
On n'insulte pas au malheur !
Rendons les ateliers tranquilles,
Pacifions tous nos hameaux,
Respectons l'ordre dans les villes,
On dansera dans les châteaux.

L'Aigle est fier et plein de valeur,
Je lui confierais mon honneur ;
Mais du canon
Je n'aime plus autant le son...
Autre temps veut autre métier,
Notre sol fut assez guerrier ;
Plomb meurtrier
Coûte plus que pain nourricier.

Quant au Vautour, son triste hommage
Voudrait, je crois, forcer mon cœur ;
Mais, quand il parle mariage.
Son air sauvage me fait peur.
Il veut, despote en la maison,
A chaque instant avoir raison ;
C'est par des cris
Qu'il nous transmet tous ses avis ;
Soir et matin,
Triste, chagrin,
Il apporte dans le festin,
Pour doux refrain,
La fusillade et le tocsin !
Avec lui jamais d'alliance,
C'est un prophète de malheur !
Pour obtenir ma préférence
Il faut avoir un noble cœur.

LE CANARD, *à Jacquot.*

Ah ! vous ne savez pas? on dit que les Cosaques sont à Picpus !...

JACQUOT.

Canard, assez !... Va porter tes nouvelles à d'autres jobards !

LE CANARD.

Je cours à la Démocratie pacifique (*Il sort en chantant.*)

Canard, canard, canard !
N'est jamais en retard !
Ah ! vive le canard !

SCENE IV.

JACQUOT, FRANCINETTE, UN COCHER, *tenant un fouet à la main.*

LE COCHER, *entrant.*

Voilà, voilà, mademoiselle... votre équipage est prêt...

JACQUOT.

Vous sortez, Francinette?

FRANCINETTE.

Oui... un tour au bois .. J'ai demandé une voiture... (*Regardant dans la coulisse.*) Ah! bon Dieu! qu'est-ce que vous m'avez amené là? Quelle antiquaille!

JACQUOT, *regardant aussi.*

Mais je reconnais ce carrosse... Oh! il est bien vieux... Souvent Henri IV y montait avec tous ses ministres... Aussi, dans ce temps-là, l'appelait-on le char de l'État.

LE COCHER.

C'est toujours son nom...

JACQUOT.

AIR *de Mme Favart.*

Couvert d'éclatantes bannières,
Nous offrant un brillant aspect,
Ce vieux char, au temps de nos pères,
Inspirait amour et respect;
Mais, aujourd'hui, chacun veut place
Sur le siége, dedans, dessus;
Si bien que notre char menace
De devenir un omnibus

En ce moment on entend parler haut dans la coulisse.

FRANCINETTE.

Eh! mon Dieu! qu'est-ce que cela?

JACQUOT, *allant regarder.*

Pardieu! ce sont vos prétendants!... Ils veulent tous quatre monter sur le siége et conduire le char de l'Etat. D'ici, je les entends vous crier :

AIR : *Tra la la.*

Prenez-moi!
Prenez-moi!
Car je m'y connais, ma foi;
Prenez-moi!
Prenez-moi!
Le siége doit être à moi!

FRANCINETTE, *parlant.*

Mais lequel prendre ?

JACQUOT, *continuant l'air.*

L'un vous mèn'ra royal'ment,
L'autr' constitutionnell'ment...
Le troisième impérial'ment,
Le dernier socialement.

FRANCINETTE, *parlé.*

Une idée !... Je vais faire un essai... Pour aujourd'hui, je les laisserai conduire tous les quatre à la fois...

JACQUOT, *bas à Francinette.*

SUITE DE L'AIR.

Je n' dois pas vous l' cacher,
Vous pourriez bien accrocher ..
Quand on veut bien marcher,
Vaut mieux ne prendr' qu'un cocher.

ENSEMBLE.

JACQUOT.

Je n' dois pas vous l' cacher, etc.

FRANCINETTE.

J'espère bien marcher,
Sans avoir peur d'accrocher ;
En les voyant marcher
Je choisirai mon cocher.

Elle sort suivie du cocher.

SCENE V.

JACQUOT, *puis* MELONNINI.

JACQUOT, *les suivant jusqu'à la coulisse.*

Faites bien attention... N'allez pas verser!

MELONNINI, *entrant du côté opposé.*

Monsieur Jacquot, s'il vous plaît?

JACQUOT, *se retournant.*

Ancien notaire, marchands d'oiseaux ; c'est moi, monsieur...

MELONNINI.

Ai-je pataugé dans Paris pour vous trouver... Après ça, quand on est étranger...

JACQUOT.

Ah ! vous êtes...

MELONNINI.

Oui... je suis exotique... Je m'appelle Melonnini ! (*Avec tris-*

tesse.) J'ai le malheur d'habiter un pays qui vit encore en monarchie...

JACQUOT, *très-étonné.*

Comment! il y en a encore?

MELONNINI, *tristement.*

Parole d'honneur...

JACQUOT, *lui prenant la main.*

Je vous plains, monsieur...

MELONNINI, *soupirant.*

Oh! oui... nous sommes bien à plaindre.

AIR : *Nous avons le pont national.*

Nous végétons avec tiédeur
Sous un régime sans couleur;
Pourvu que l'on soit travailleur,
On vit chez nous de son labeur.
On appelle ça le bonheur...

JACQUOT, *se récriant.*

Ah! quel blasphème! ah! quelle erreur!

MELONNINI.

Chez nous, voyez donc quelle horreur,
Le portier n'est pas électeur!
Au lieu de se faire orateur,
Un bon tailleur reste tailleur,
Jamais de club agitateur,
Pas d'apôtre dévastateur...

JACQUOT.

Quoi! pas un seul conspirateur?

MELONNINI.

Pas mêm' d'affreux petit rhéteur!

ENSEMBLE.

JACQUOT.

Pour vous, / nous, monsieur, quel déshonneur!
Quel pays de malheur!

Ils tombent dans les bras l'un de l'autre.

JACQUOT, *s'attendrissant peu à peu.*

Comment! chez vous, pas le moindre honorable citoyen qui veuille mettre tout sens dessus dessous?

MELONNINI, *mettant son mouchoir sur ses yeux.*

Non, monsieur!...

JACQUOT.

Pas de novateur qui hurle : A bas la propriété!...

MELONNINI, *sanglotant.*

Non, monsieur !

JACQUOT, *pleurant plus fort.*

Ah ! monsieur... (*Ils tombent de nouveau dans les bras l'un de l'autre en fondant en larmes.*)

MELONNINI.

AIR : *Eh ! ma mère, est-c' que j' sais ça.*

Chacun soign' son héritage,
Et c' qu'il a veut le tenir ;
On respect' le mariage ;
Les enfants doiv'nt obéir ;
On se conform', sans murmure,
Aux lois qu' la raison traça...
V'là quinze cents ans qu' ça dure...
Ça n' peut plus durer comm' ça !

JACQUOT.

Non, non, faut changer tout ça !

MELONNINI, *reprenant tout à coup un air gai.*

Un instant nous avons eu de l'espoir... Il entra dans notre pays des étrangers... des individus mâles... Ils furent logés, nourris, éclairés aux frais du gouvernement... Pour témoigner leur reconnaissance, ils se mirent à jacasser...

JACQUOT.

Jacasser ?...

MELONNINI.

Eh bien, oui ! bavarder contre le gouvernement... Dire que c'était un ci... que c'était un ça !... qu'il fallait le renverser !... Alors le gouvernement leur dit avec bonté : Non, non, pas de ça, mes petits enfants... allez jacasser plus loin... Voilà de quoi faire votre route... partez tranquillement... et au plaisir de ne jamais vous revoir...

JACQUOT, *avec colère.*

Et il leur a donné de l'argent !... le gouvernement... Tyrannie... tyrannie !...

MELONNINI.

Alors, il m'est poussé une idée... Je me suis dit : allons trouver le célèbre monsieur Jacquot, marchand d'oiseaux...

JACQUOT.

Ancien notaire...

MELONNINI.

Je l'ignorais !... Ancien notaire... il possède des oiseaux politiques, des perroquets bavards très au fait des nouvelles phrases à la mode, des grands mots patriotiques, je vais en acheter une cargaison, et, une fois dans mon pays, v'lan! je les lâche, et la police, vu leur élévation, ne peut pas leur mettre la main sur le collet.

JACQUOT, *avec enthousiasme.*

Quelle imaginative!... J'ai ce qu'il vous faut...

AIR : *Au clair de la lune.*

Mon art vous seconde,
Vous sort d'embarras !
Que faut-il, en c' monde,
Pour mettr' tout à bas ?
Maint' phrase tout' faite,
Au sens incomplet,
Et qu' chacun répète
En vrai perroquet.

(*Appelant.*) Eh! Cascaret! lâche les perroquets politiques!

CASCARET, *du dehors.*

Voilà! voilà! voilà!

SCENE VI

LES MÊMES, CASCARET, HUIT PETITS PERROQUETS.

CHŒUR DES PERROQUETS.

AIR *de Roger Bontemps.*

As-tu déjeuné, Jacquot ?
— Oui, oui, oui, oui! — De quoi? — Du rôt.
As-tu déjeuné, Jacquot ?
— Oui, oui...

JACQUOT, *les interrompant.*

Silence! Vous répondrez quand on vous parlera! (*A Melonnini.*) Monsieur, voilà des perroquets auxquels j'ai fait crier pendant trente ans : Vive le Roi! Vive l'Empereur!... Maintenant, pour les placer, je leur fais crier : Vive la République! On fait ce qu'on peut! (*A un des Perroquets.*) Attention! As-tu déjeuné, Jacquot?

LE PERROQUET.

Oui, oui, oui, oui, oui!

JACQUOT.

Et de quoi?

LE PERROQUET.

Du nez d'aristo.

MELONNINI.

Ah! bravo! bravo!

JACQUOT.

Oh! ce n'est rien encore... Je l'ai fait percher huit jours dans un club... Il a tout retenu... (*Au Perroquet.*) As-tu été au club, Jacquot?

LE PERROQUET.

Oui, oui, oui, oui, oui!

JACQUOT.

Et qu'as-tu entendu, Jacquot?

LE PERROQUET.

A bas les tyrans, à bas les papas, à bas les mamans, à bas les enfants!

MELONNINI.

Mais c'est très bête, ce qu'il dit là...

JACQUOT.

Dame! il répète ce qu'il a entendu... dans les clubs... Maintenant, passons aux *vivat* politiques... (*Au Perroquet.*) Jacquot, Vive... allons... vive...

LE PERROQUET.

Vive l'empereur... de la République!

MELONNINI.

Eh bien! eh bien! il se trompe... il mêle tout ensemble.

JACQUOT.

Ah! dam! que voulez-vous! Depuis trente ans on ne sait plus où on en est! Et la république, et l'empereur, et la monarchie, et le reempereur, et la remonarchie, et la rerépublique!... Allons, Jacquot... Vive... vive la...

LE PERROQUET.

Vive la république de l'empereur!

JACQUOT.

Non, c'est pas ça, voyons, vive...

LE PERROQUET.

Vive... le roi... démocratique et social!

MELONNINI.

Dites donc, dites donc, mais il fait un horrible salmis de l'ancien et du nouveau.

JACQUOT.

Oui, c'est comme lorsque je le fais chanter; mais j'ai trouvé un moyen!... Vous voyez cette vieille serinette, elle a été faite sous la monarchie.

MELONNINI.

Et vous vous en servez encore?

JACQUOT.

Mais je l'ai faite arranger, et elle ne joue plus maintenant que des airs républicains... On me l'a garantie. (*Il tourne la manivelle de la serinette; on entend quelques mesures de la Marseillaise, et, sans interruption, elles sont suivies du commencement de l'air vive Henri IV; puis la Marseillaise reprend, et bientôt après l'air de Henri IV s'achève.*)

MELONNINI.

Eh bien, eh bien, qu'est-ce que c'est que ça ?

JACQUOT, *regardant l'instrument.*

Est-ce qu'il y aurait un réactionnaire caché là dedans !

AIR : *Vaudeville de Fanchon.*

On m' l'avait garantie,
Et la voilà partie
A droite, à gauche sans raison !. .
On n'voit que girouettes...
Dans c'temps-ci, plus de convictions...
Quoi ! jusqu'aux serinettes
Qui chang'nt d'opinions !

(*Montrant une cage.*) Oh ! ce n'est pas comme l'oiseau qui est là dans une cage particulière... Cascaret, ouvrez la cage ! (*A Melonnini.*) Monsieur, vous allez voir un perroquet qui n'a jamais voulu changer de cri... (*Ouvrant.*) Petit ! petit !

SCENE VII.

LES MÊMES, UN PERROQUET BLANC, *sortant de la cage.*

JACQUOT.

Regardez, monsieur, comme il est joli !...

MELONNINI.

Ah ! quel charmant plumage !

JACQUOT.

Et ce n'est rien encore que son plumage ! vous allez entendre son... (*Au perroquet.*) Jacquot, vive la Ré...

LE PERROQUET BLANC.

Vive son altesse ! vive monseigneur !

JACQUOT, *à Melonnini.*

Voyez-vous !

MELONNINI.

Oui, mais si vous le preniez par la douceur, si vous lui offriez une place, une pension...

JACQUOT.

Ah ! ah ! à un perroquet ?

MELONNINI.

Ça s'est vu !... Tenez, offrez-lui des friandises.

JACQUOT.

Je veux bien essayer... (*Au perroquet*) Tiens, mon petit Jacquot, voilà du bon su-sucre...

LE PERROQUET.

Vive son altesse ! vive monseigneur ! vive son altesse !

MELONNINI.

Rien n'y fait... Ah ! voilà un oiseau rare...

JACQUOT.

J'en ai bien peu comme ça.

Air : *Un page aimait la jeune Adèle.*

A mes leçons ils se montrent rebelles,
Ma voix en vain voudrait les corriger ;
A leurs vieux cris ils sont toujours fidèles,
Rien ne pourra les en faire changer.
Comprenez-vous, dans les temps où nous sommes,
Que j'éprouve tant d'embarras !...
Ces oiseaux-là n' sont pas comm' certains hommes,
Je ne peux pas en faire des ingrats !

MELONNINI.

Allons, monsieur Jacquot, je vois avec peine que vous n'avez pas les oiseaux que je cherche...

JACQUOT.

Cascaret, éloigne ceux là !... (*Cascaret les fait ranger au fond.*) Eh mon Dieu ! j'en ai d'autres, que je soigne, que je prépare... mais ce sont de jeunes élèves qui attendent les événements...

Air *des Maris ont tort.*

Oui, je ne puis, je le répète,
Les proposer à l'acheteur ;
Car leur science est incomplète
Et leur langage est sans couleur...
C' n'est pas la faut' du professeur...
Chaqu'jour, du nouveau nous arrive...
J'suis obligé de rester coi...
Je leur apprends à crier vive...
En attendant que j' sach' viv' quoi...
Je n' peux que leur fair' crier vive...
Car je n'sais pas encor viv'quoi...
Personn' ne sait encor viv'quoi !

SCÈNE VIII.

LES MÊMES, LE CANARD.

LE CANARD, *entrant avec effroi.*

Ah ! vous voilà, monsieur Jacquot, vous ne savez pas?

JACQUOT.

Quoi donc?

LE CANARD.

Je viens d'apprendre pourquoi il n'y a pas eu de bœuf gras cette année... c'est qu'on a craint qu'il ne devînt enragé dans les rues de Paris...

JACQUOT.

Pourquoi?

LE CANARD.

Il aurait pu rencontrer du rouge...

JACQUOT.

Laissez-moi donc tranquille...

LE CANARD.

Vous ne savez pas, on vient de pêcher une baleine près des bains Vigier...

JACQUOT, *riant.*

Oh ! je connais celui-là !

LE CANARD.

On l'a ouverte... et qu'est-ce qu'on a trouvé dedans? les comptes du gouvernement provisoire...

JACQUOT.

AIR : *J'ai vu le Parnasse des dames.*

Oh! cette histoire est par trop forte!

LE CANARD.

Je puis vous garantir le fait...
La pauvre baleine était morte
Pour avoir croqué cet objet.

JACQUOT.

Vous prétendez me faire croire
Qu' ces papiers l'ont fait expirer!

LA CANARD.

Dam' ! les comptes du Provisoire,
C'est difficile à digérer...
Ça ne peut pas se digérer!

JACQUOT.

Allez vous promener, Canard...

LE CANARD.

Oui, je vais pêcher des nouvelles...

MELONNINI.

Et moi, visiter vos volières...

ENSEMBLE.

REPRISE DE L'AIR *de Roger Bontemps.*

Oui, je vais, foi de Jacquot,
Vous offrir du neuf et du beau.
Vous verrez, chez mes oiseaux,
Les plumages les plus nouveaux.

MELONNINI.

Je vous suis, monsieur Jacquot,
Offrez-moi du neuf et du beau;
Je vais voir chez vos oiseaux
Les plumages les plus nouveaux.

LE CANARD.

Je viendrai, monsieur Jacquot, } *bis.*
Vous conter du neuf et du beau. }

LES PERROQUETS.

As-tu déjeuné, Jacquot? } *Bis.*
Oui, oui, oui, oui. — De quoi? — Du rôt. }

Cascaret et les perroquets sortent de différents côtés; Jacquot et Melonnini par le fond. Au même instant, Pincetout paraît par la gauche.

SCENE IX.

PINCETOUT, *seul.*

AIR : *En avant toujours.*

L'œil au guet,
Toujours prêt,
Comme un émouchet,
J' viens piper,
Agripper,
Happer,
Attraper!
Mes gluaux,
Mes appeaux,
Mes piéges nouveaux
Vont pincer les oiseaux.

Plaçant un grand miroir à alouettes sur le théâtre.

Pauvres oiselets,
Simples et niais,
Vous tromper, quelle joie!
Voici, pour vous voir,

Vers ce beau miroir,
Et vous serez ma proie !
L'œil au guet,
Toujours prêt,
Comme un émouchet,
J' viens piper,
Agripper,
Happer,
Attraper !
Mes gluaux,
Mes appeaux,
Mes piéges nouveaux
Vont pincer les oiseaux !

Regardant autour de lui.

Ah ! bon ! plus personne !... Ce gredin de Jacquot est parti. . J'ai le champ libre, je vais pouvoir à mon aise lui prendre ce qu'il possède... Pourquoi possède-t-il?... parce qu'il a travaillé... belle raison... Est-ce que je ne travaille pas aussi en lui prenant ce qu'il a ?... je travaille... Disposons mes gluaux, mes appâts, je les ai apportés avec moi... (*Appelant.*) Cormoran ! plantons les gluaux .. (*Cormoran paraît portant quatre grandes baguettes surmontés chacune d'un écriteau ; il les plante en terre autour du miroir, puis se retire.*)

PINCETOUT, *lisant le premier écriteau.*

DROIT . n u, c'est à dire FROID AU TRAVAIL .. (*Lisant le second écriteau.*) A BAS LES RICHES !

AIR: *Encore un quart'ron.*

Pour c'lui qui n'possèd' guère
Et prétend *subito*
Dev'nir propriétaire,
Avoir tout à gogo,
Ah ! le bon gluau,
Compère,
Ah ! quel bon gluau !

Lisant deux autres écriteaux.

PLUS D'IMPÔTS !... — ALLIANCE DU PROLÉTARIAT ET DE LA BOURGEOISIE !...

Même air :

Oiseaux trop débonnaires,
Vrais janots et badauds,
Qui doublez vos misères,
En votant toujours faux,
Voilà des gluaux,

Mes frères ;
Ah ! quels bons gluaux !

Maintenant, à mon miroir... (*Il dispose le miroir qui se met à tourner.*) Bien !... (*A ce moment l'orchestre joue la ritournelle de l'air suivant.*) Qui vient là ?... (*Il regarde.*) Bon ! bon ! mon miroir fait déjà son effet ; j'aperçois la Grue, l'Oie et le Dindon, conduits par le Serin, mes pratiques ordinaires... Ils se dirigent de ce côté.. Vite, cachons-nous dans ce bosquet, et tâchons surtout qu'ils ne voient pas la ficelle ! (*Il entre dans un massif.*)

SCENE X.

PINCETOUT *caché*, LE SERIN, LA GRUE, L'OIE, LE DINDON.

CHOEUR.

AIR : *Mire dans mes yeux.*

Amis, le joli miroir,
Voyez comme il brille !
Amis, le joli miroir !
Je grille
De m'y voir !
Voyez, voyez comme il brille !..
Amis, je grille
De m'y voir !

LE SERIN.

Approchons ! approchons !...

LE DINDON, *l'arrêtant.*

Glou, glou, glou, glou ! prenez garde, serin mon compère,... Si c'était encore un piége !...

LE SERIN.

Laissez donc ! je m'y connais..., Je ne suis pas Serin pour rien...

LE DINDON.

Glou, glou, glou ! les leçons que vous recevez ne vous profitent guère..,

LE SERIN, *avec vanité.*

Des leçons ! je n'en reçois pas... J'en donne...

AIR: *Ah ! le bel oiseau !*

Ah ! quell' bonn' leçon vraiment,
J'veux en rire
Jusqu'au délire,
Ah ! quell' bonn' leçon vraiment

Je donne au gouvernement !

J'connaissais un candidat
Ami d'la paix de la justice,
Protecteur de chaque état...
Pas d' danger qu' j' le choisisse...
Ah ! quell' bonn' leçon etc.

C'matin, un voisin m'disait:
» Puisque vot' liste l'emporte,
Votre argent que j't'nais prêt,
Permettez que je l'exporte. »
Ah ! quell' bonn' leçon vraiment
J'veux en rire
Jusqu'au délire,
Ah ! quell' bonn' leçon vraiment
Je donne au gouvernement !

Voyons, approchez... Venez sans crainte, vous dis-je... Venez lire ces jolis petits écriteaux... N'ayez pas peur... Hein !... Comme c'est attrayant !...

REPRISE DU CHOEUR D'ENTRÉE.

Amis, le joli miroir !
Voyez comme il brille !
Amis, le joli miroir !
Je grille
De m'y voir !

(*Tout en chantant, chacun deux s'est approché d'un des écriteaux et parait être pris à la glù*)

LE SERIN *criant.*

Aie ! aie ! aie ! Je suis pincé !.. Je suis englué !..

LE DINDON.

Glou ! glou ! glou !.. Au secours !

TOUS.

Au secours !

SCENE XI.

LES MÊMES, PINCETOUT.

(*Il rentre vivement et porte sous le bras un grand sac.*)

AIR : *De la Carmagnole.*

Je vous tiens, mes petits amis,
Vous êtes cuits,
Vous êtes pris !

LE SERIN.

Ah! grand Dieu, de nous c'en est fait!
Nous sommes pris au trébuchet!

PINCETOUT.

Ah! ça vous apprendra
A lir' ces écrits-là.
J' vous suivais à la piste
Et bientôt, crac!
Par mon mic-mac,
Ma glû socialiste,
Vous mettra, crac!
Dans le sac!

(*Ouvrant son sac:*) Au sac! au sac! au sac!

LES QUATRE PRISONNIERS, *se débattant.*

Au secours! au secours!

JACQUOT *du dehors.*

Qui appelle?

PINCETOUT.

Jacquot!.. Ah! Diable!.. Je ne suis pas en force... Dissimulons!!..

SCENE XII.

PINCETOUT, LE SERIN, L'OIE, LA GRUE, LE DINDON, JACQUOT *suivi de* CASCARET.

JACQUOT *accourant.*

Me voila! Me voila! Ah!.. bien! bon!.. Je vois ce que c'est... Vous vous êtes encore fait pincer... Cascaret!.. aide-les à se désocialiser... (*Regardant le serin qui a laissé sa queue au gluau.*) Vous avez donc perdu la tête!... Non!... Ce n'est pas la tête qu'il a perdue! Voyez comme il se fait arranger...

AIR : *Le Luth galant.*

Aux bons avis, aux plus sages discours,
Pauvres serins, vous resterez donc sourds?
Le passé, le présent, hélas! rien ne vous forme;
Aux gluaux du progrès, aux gluaux d'la réforme,
A tout' nouvell' bêtis; pourvu qu'elle soit énorme,
On vous prendra toujours,
On vous plum'ra toujours!

(*A Pincetout.*) Et vous sortez de chez moi, embaucheur!..

PINCETOUT.

Du tout... j'attends ci deux délégués, deux oiseaux de proie! Nous allons discuter et tenir ici un conclave socialiste.

JACQUOT, *avec joie.*

Eh bien, je ne serai pas fâché de voir ça.

PINCE TOUT.

J'entends mes amis...

SCENE XIII.

LES MÊMES, LE CHAT-HUANT, LA CHAUVE-SOURIS.

LE CHAT-HUANT ET LA CHAUVE-SOURIS.

AIR : *Des premières armes du Diable.*

Oiseau de la nuit,
J'arrive sans bruit;
J'aime l'ombre
Sombre!
Mon règne viendra:
A ce moment-là,
La nuit règnera.

PINCETOUT.

Salut et fraternité, citoyen Chat-Huant!

LE CHAT-HUANT.

La séance est ouverte, et nous allons développer nos théories.

JACQUOT.

Ah saperlotte, je vais donc savoir ce que c'est que le socialisme.

LE CHAT.HUANT.

C'est facile à expliquer..... Tenez, voilà le citoyen Pincetout qui depuis deux ans a écrit d'admirables articles sur cette nouvelle branche d'industrie. Je lui donne la parole.

PINCETOUT.

Le socialisme, c'est le... non, le socialisme, c'est la... non, le socialisme, c'est les... non, Chat-Houant, je vous cède la parole.

JACQUOT.

Ça ne vient pas tout seul!

LE SERIN.

Ces choses faciles là sont difficiles à expliquer.

LE CHAT-HUANT.

Citoyens!... que je suis bête! j'ai là dans ma poche la définition la plus lucide, à l'usage des esprits les plus épais. (*Il tire un petit livre de sa poche.*) Ecoutez :

AIR : *Aux braves hussards du cinquième.*

Par sa surface égalitaire,
Ce météore à rayons convergents,
Offre à nos yeux un circuit planétaire
Dont les reflets, en cercles pondérants,
Viennent toujours joindre les adhérents.
En divisant chaque nombre octogone
Et les produits, dont l'axe est mu par l'air,
Vous arrivez au péripolygone...
Je crois, Monsieur, avoir été très-clair.
Comprenez-vous?

JACQUOT.

D'honneur, pas plus qu'hier.
Je dirai mieux, pas plus qu'avant-hier.

LE SERIN.

Eh bien, moi, je comprends.

JACQUOT, *se fâchant.*

Puisque je vous dis que je ne comprends pas.

LE CHAT-HUANT.

Prenez d'abord ce que nous fondons, et quand nous vous aurons fondés...

JACQUOT.

Nous serons fondus !

AIR : *Qu'il est flatteur d'épouser celle.*

Chez nous rien de problématique,
Nous saurons bien vous le prouver.
Par un calcul mathématique,
Nous sommes certains d'arriver.

JACQUOT.

Ah ! je comprends, sans être un aigle,
Cette fois vous avez raison ;
Votre doctrine est une règle
Qui commenc' par la soustraction,
Et finit par la soustraction.

JACQUOT, *au Chat-Huant.*

Pardon... une simple question... Avec votre système, de quoi vivra l'ouvrier?...

LE CHAT-HUANT.

De son salaire.

JACQUOT.

Je croyais que vous l'aviez aboli ?

LE CHAT-HUANT.

Du tout, nous le réglementons. « L'ouvrier qui travaillera bien gagnera un sou par jour, celui qui regardera travailler deux sous, celui qui dormira sur l'ouvrage vingt-cinq francs.

JACQUOT.

Comment, c'est parce qu'il dormira qu'il aura plus?

LE CHAT-HUANT.

Oui, l'homme qui n'aime pas le travail est un être à plaindre et la société lui doit des consolations... La peine de mort est conservée pour l'homme convaincu d'avoir...

JACQUOT.

Conspiré?

LE CHAT-HOUANT.

Non, transpiré en travaillant.

JACQUOT.

Est-ce là toute votre constitution?

LE CHAT HUANT.

Non pas! Ce que je viens de vous dire, ce sont les lois organiques, mais voici la constitution. (*Il tire un papier de sa poche.*) Écoutez! (*Lisant.*) Article premier : le peuple sera consulté sur la forme du gouvernement à choisir. (*Mouvement d'adhésion.*) Article deux : on se passera de son avis.

JACQUOT.

Pourquoi se passera-t-on de son avis?

LE CHAT-HUANT.

Parce qu'il pourrait ne pas être de l'avis de ceux qui ont fait la constitution... Article additionnel : les poules...

JACQUOT.

Auront des dents?

LE CHAT-HUANT.

Non... Les poules, à l'avenir, ne pondront que des œufs rouges, comme ceux que j'ai dans ma poche. (*Il fouille dans sa poche.*) Ah! mon Dieu! je me suis assis dessus!... Ils sont endommagés!... (*Il montre les œufs.*)

JACQUOT.

Tiens!... en voilà un qui a l'air d'éclore!... Qu'est-ce qui va donc sortir de là-dedans?

LE CHAT-HUANT, *ouvrant l'œuf.*

Voilà! (*Il en tire un petit niveau.*) Un triangle social!

JACQUOT.

Ah! oui, oui, connu!

AIR : *Du baiser au porteur.*

Votre triangle humanitaire
Ne m'offre qu'un piége fatal,
Egalité dans la misère,
Et fraternité dans le mal.
Avec lui vous faites la guerre
A tout sentiment noble et beau ;
Mais l'pays, vous aurez beau faire,
Ne s'mettra pas à votr' niveau.

PINCETOUT, *qui a pris le second œuf.*

Tiens, de celui-ci qu'est-ce qu'il en sort donc? (*Il en tire un bonnet rouge.*) Un bonnet phrygien !

JACQUOT.

Voulez-vous bien cacher ça !

AIR : *D'Yelva.*

Mais quels transports, quels accès de démence
Viennent, hélas ! égarer votre cœur !
Se peut-il que l'on ose en France,
Ressusciter ce signe de terreur,
Ah ! rejetez d'une époque sauvage
Ce bonnet, sinistre drapeau
Que des meurtriers sans courage
Allaient teindre sous l'échafaud !

SCENE XIV.

LES MÊMES, LE CANARD.

LE CANARD, *entrant vivement.*

Ah ! vous voilà, monsieur Jacquot... Vous ne savez pas?

JACQUOT, *se fâchant.*

Ça n'est pas vrai !...

LE CANARD.

Hier, entre onze heures et midi, on a découvert huit cent mille jésuites qui se cachaient, depuis six mois, rue Guérin-Boisseau, n° 11, au quatrième étage, au fond du corridor...

JACQUOT *exaspéré.*

Canard, au nom de la Constitution !...

LE CANARD.

De laquelle ?

JACQUOT, *montrant le Chat-Huant.*

De celle de... monsieur, je vous somme d'aller barboter autre part.

LE CANARD.

Je m'en vas, citoyen, je m'en vas!.. (*Il va pour sortir et s'arrête en regardant en l'air.*) Ah ! mon Dieu ! qu'est-ce que je vois ?.. Le ciel est obscurci par une nuée d'oiseaux...

JACQUOT.

Je parie que ça n'est pas vrai !... Ah !.. si !... enfin, ce sont des oiseaux d'heureux présage!... Des hirondelles, qui nous ramènent le printemps...

SCENE XV.

Les Mêmes, DES HIRONDELLES, *portant des rameaux verts.*

CHOEUR DES HIRONDELLES.

AIR : *Voici venir les fileuses.*

Les hirondelles légères
Vous annoncent les beaux jours ;
Nous sommes les messagères,
Du prinptemps et des amours. !

JACQUOT.

Soyez les bienvenues, mes petites hirondelles...

UNE HIRONDELLE.

AIR : *De la Fée aux roses.*

Oui, je suis l'hirondelle
Et viens à tire d'aile
Apporter en ces lieux
Mes chants les plus joyeux.
Puisse notre ramage,
En conjurant l'orage,
Eloigner de Paris
Les ennuis,
Les soucis !
Ah ! fuyez de Paris,
Fâcheux et noirs soucis !

JACQUOT.

Et qu'avez vous fait pendant votre absence, mes gentilles hirondelles ?

SECONDE HIRONDELLE.

Oh ! nous avons beaucoup voyagé...

TROISIÈME HIRONDELLE.

J'ai volé vers l'Amérique...

PREMIÈRE HIRONDELLE.

Et moi vers l'Italie... Je me suis posée sur la coupole de Saint-Pierre... mes regards embrassaient toute la ville... Oh! j'ai assisté à un beau triomphe.

AIR : *C'est le souvenir d'un génie.* (1er Numéro de la Foire au Idées.)

J'entends encor dans son enceinte
Un long cri de joie et d'amour.
Noble exilé, la ville sainte
Enfin peut fêter ton retour !
Ces murs, qu'une horde ennemie
A souillés par la trahison,
Ta noble main les purifie
Par la prière et le pardon !

JACQUOT.

Permettez, permettez... mais vous tenez toutes de verts rameaux...

SECONDE HIRONDELLE.

Oui... des souvenirs de nos voyages...

PREMIÈRE HIRONDELLE.

Et que nous rapportons en France.

AIR : *Royale Polka* (Quidant).

Oui, nous rapportons à Paris
De tous pays,
Ces souvenirs de nos voyages.
Ah ! Puissent-ils à des esprits
Trop désunis
Donner enfin de bons avis !

Ces feuillages,
Ces buis chéris
Furent bénis
Par notre pontife de Rome ;
Saint homme,
Il m'a dit « porte les...
» Pour les Français
» Que ce soit un gage de paix !
» Oui, Dieu, que ma voix supplîra,
» Exaucera
» Les vœux de ma reconnaissance.
» Libre du joug qui l'opprima,
» Qui l'accabla,
» La France
» Se relèvera ! »

Voyez ce laurier, il vous dit :
« Tout est détruit,
« Flétri par la guerre civile ! »
Sur le tombeau de Virgile
Il allait croissant...
Voyez... Il est taché de sang !

Ce bouquet de Myosotis
Me fut remis
Par de nobles bannis
De France.
Il peint leur souffrance
Et, pour eux, vous dit tout bas :
« Français, ne nous oubliez pas ! »

Exprès pour moi, l'on détacha
Ce rameau-là
Du vieux saule de Sainte-Hélène ;
Du héros prenant les accents
Fiers et puissants,
Il nous dit : « Français, il est temps !
» Contre l'anarchie enfin tous
» Unissez-vous !
» Du désordre brisez la chaîne !
» Mon souvenir vous guidera,
» Il sera là,
» Mon ombre vous protégera ! »

Ensemble.

Contre l'anarchie enfin tous
Unissons nous,
Du désordre brisons la chaîne !
Son souvenir nous guidera,
Il sera là,
Son ombre nous protégera !

(On entend un grand bruit à l'extérieur.)

JACQUOT.

Ah ! mon Dieu ! qu'est ce que c'est que ça ? Francinette, lui serait-il arrivé quelque malheur ?

jours porté malheur aux objets de votre amour... si bien que la mort jalouse, sans doute, vous les avait presque toujours enlevés... Vous soupirez, ma reine... vos yeux se voilent ; c'est donc vrai... Eh bien ! qu'un seul de vos regards promette de faire de moi le plus heureux et le plus aimé de vos favoris, et disposez de ma vie, de mon âme, de mon salut. Seulement vous me jurerez que, si je meurs pour vous, comme un sombre pressentiment me l'annonce.... que si le bourreau sépare de mon corps cette tête que vous enveloppez de votre bras... doux collier d'amour sous lequel tout mon corps frissonne ; vous me jurerez, n'est-ce pas, qu'avant qu'on ne la jette dans un froid cercueil, qu'avant qu'on ne l'ensevelisse dans une tombe solitaire... vous viendrez... vous, ma reine, déposer un dernier baiser sur mon front, et m'apporter, dans ce monde inconnu qu'habitera déjà mon âme, le prix de mon dévouement, la récompense de mon martyre.

MARGUERITE.

O lugubre folie !... ô fatale pensée !...

LA MÔLE.

Jurez ?

MARGUERITE.

Que je jure ?

LA MÔLE.

Oui..

MARGUERITE.

Eh bien ! si, ce qu'à Dieu ne plaise ! tes sombres pressentiments se réalisaient, mon beau gentilhomme, je te le jure, mort ton souvenir sera toujours près de moi comme vivant y eût été ton amour ; et, si je ne puis te sauver dans le péril où tu te jettes pour moi seule, je le sais, je donnerai du moins à ta pauvre âme la consolation que tu demandes et que tu auras si bien méritée. La Môle, par le Dieu vivant, je te le jure !

LA MÔLE.

Eh bien ! madame, à partir de ce moment, disposez, non pas de votre serviteur, non pas de votre ami, mais de votre esclave ; je ne suis plus à moi, mais à vous.

MARGUERITE.

La Môle, j'accepte, et vous trouverez en moi un dévouement pareil à celui que vous me donnez ; La Môle, venez demain avant la chasse, et vous saurez ce que vous aurez à faire. Adieu, mon beau gentilhomme, adieu !

LA MÔLE.

Adieu, madame. (*Marguerite lui tend la main. Pendant qu'il s'agenouille pour la baiser, elle se penche vers son front et l'effleure de ses lèvres ; puis elle s'enfuit dans sa chambre.*) Marguerite !... (*Se relevant.*) Elle m'aime !... Oh ! merci, Marguerite, car maintenant je ne suis plus un favori vulgaire, et je puis porter haut cette tête, à laquelle, vivante ou morte, est réservé un si doux avenir. (*Il sort.*)

HUITIÈME TABLEAU.

La chambre de Catherine de Médicis. — Au fond une cheminée. — Portes à droite et à gauche. — A gauche armoire secrète. — A droite fenêtre masquée par des tapisseries.

SCÈNE I.

CATHERINE, RENÉ.

CATHERINE.

Six heures, et René ne vient pas! (*On frappe au fond.*) Le voici! (*Elle va ouvrir.*) Pourquoi si tard, René? qui vous retenait chez vous?

RENÉ.

Des amants, madame, qui se sont contentés de ma parole lorsque je leur ai assuré qu'ils s'aimaient.

CATHERINE.

Maître René, pas de secrets pour moi; c'était ma fille Marguerite, c'était monsieur de La Môle... Qu'allaient-ils faire chez vous?

RENÉ.

Voyez cette statuette, madame. (*Il tire une figurine de cire de dessous son manteau.*)

CATHERINE.

Percée au cœur, avec une couronne sur la tête, une M sur la banderole. Il est donc amoureux de la reine de Navarre, monsieur de La Môle, pour avoir recours à sa magie?

RENÉ.

Comme un fou.

CATHERINE.

Alors cette statuette est bonne à garder... (*Elle la porte dans l'armoire secrète.*) René; nous la retrouverons au jour où nous en aurons besoin. — Bien... Avez-vous fait les expériences que je vous ai indiquées?

RENÉ.

Oui, madame, et je commence à penser, comme vous, que ce n'est pas dans le foie, comme l'ont cru les Grecs et les Romains, mais dans la figuration des lignes du cerveau, que la main toute-puissante de la destinée a écrit les présages.

CATHERINE.

Vous avez fait cependant les expériences?

RENÉ.

Oui, toutes deux.

CATHERINE.

Dites-m'en tous les détails.

RENÉ.

Je m'étais procuré deux poules, noires comme vous me l'aviez recommandé... sans une seule tache blanche.

CATHERINE.

C'est cela...

RENÉ.

J'ai attaché la première sur le petit autel, et je lui ai ouvert la poitrine d'un seul coup de couteau.

CATHERINE.

D'un seul, n'est-ce pas? Eh! bien?

RENÉ.

Elle a jeté trois cris, et a expiré.

CATHERINE.

Trois cris... trois morts... Et après?...

RENÉ.

Le foie penchait à gauche, contre l'habitude.

CATHERINE.

Déchéance... déchéance... et puis mort suivie d'une déchéance... Sais-tu que c'est affreux, René?

RENÉ.

Oui, madame, effrayant!

CATHERINE.

Et la seconde victime... celle dont tu devais consulter le cerveau?

RENÉ.

Épouvantée des trois cris qu'avait poussés la première... quand j'ai voulu aller la prendre, elle s'est envolée... et a éteint la bougie magique qui m'éclairait.

CATHERINE.

Voyez-vous, René... voyez-vous, c'est ainsi que s'éteindra notre race... la mort la touchera de son aile, et elle disparaîtra de la terre... Trois fils, cependant... trois fils... Qu'avez-vous fait, alors?...

RENÉ.

J'ai rallumé la bougie... j'ai ressaisi la victime, et je lui ai tranché la tête d'un seul coup.

CATHERINE.

Elle n'a pas eu le temps de crier, j'espère?

RENÉ.

Non, mais elle a poussé trois soupirs...

CATHERINE.

Vois-tu, René, à défaut de trois cris, trois soupirs, trois... toujours trois... ils mourront tous trois... Toutes ces âmes avant de partir comptent et appellent jusqu'à trois... Et alors, alors, qu'as-tu fait?...

RENÉ.

Selon vos instructions, j'ai observé les sinuosités de la pulpe cérébrale, j'y ai distingué, en fibres sanglantes... une lettre...

CATHERINE.

Une lettre... une seule?

RENÉ.

Oui, mais visible à ne pas s'y tromper...

CATHERINE.

Et, quelle était cette lettre?

RENÉ.

Un H... cet H, était suivi de quatre lignes perpendiculaires qui semblaient le chiffre 1, répété quatre fois.

CATHERINE.

C'est cela... c'est cela... Charles IX règne... après Charles IX, viendra Henri III; puis, après Henri III, Henri IV; c'est lui... toujours lui!

RENÉ.

Mais le duc François?

CATHERINE.

Sans doute mourra-t-il dans l'intervalle... Oh! Henri IV, Henri IV, il régnera, René... Je suis maudite dans ma postérité.

RENÉ.

Ainsi donc, il régnera... vous croyez?

CATHERINE.

Oui, si nous ne forçons pas les prédictions à mentir.

RENÉ.

Votre Majesté désire-t-elle que je fasse de nouvelles expériences?...

CATHERINE.

Dites-moi, René... n'existe-t-il pas une curieuse histoire d'un médecin de Pérouse, qui, condamné à mort par le tyran de Sienne, pour n'avoir pas voulu lui livrer un livre traitant de la magie... empoisonna ce livre avant de mourir?

RENÉ.

Oui, madame, si bien que le tyran s'étant emparé de ce livre, et l'ayant lu sans se douter du venin qu'il contenait, mourut trois jours après la victime.

CATHERINE.

Dites-moi? comment le poison put-il agir!

RENÉ.

C'est bien simple, madame, les feuilles du livre, imprégnées d'une mixture d'arsenic, tenaient l'une à l'autre... le tyran dans son ignorance les poussait du doigt, et naturellement mouillait son doigt pour les pousser avec plus de facilité... Il porta à plusieurs reprises son doigt à sa bouche, et s'empoisonna.

CATHERINE.

Oui, c'est cela, je me souviens du fait, mais j'avais oublié les détails... René... j'avais vu chez vous et demandé un livre de chasse fort curieux et fort ancien... me l'avez-vous apporté?

RENÉ.

Oui, madame, le voici... c'est un livre de Pietramonte, sur l'art d'élever les faucons, les gerfauts et les tiercelets.

CATHERINE.

Donnez-moi ce livre.

RENÉ.

Le voici, madame.

SCENE XVI.

LES MÊMES, FRANCINETTE, TOUS LES AUTRES PERSONNAGES DE LA PIÈCE *accourant de différents côtés.*

CHOEUR GÉNÉRAL.

AIR : *Vive la réforme.*

Mais quel accident ! quel est ce bruit et ce tapage ?
Que vient-il d'arriver à leur équipage ?
Cet événement alarme tout le voisinage...
Près de vous
Nous v'nons tous,
Vite, instruisez-nous !

JACQUOT.

Oh ! mon Dieu, ma petite Francinette, que vous est-il arrivé ?

FRANCINETTE.

Ce que vous aviez prévu... Nous commencions à rouler... le Duc, le Coq et l'Aigle s'entendaient assez bien ; mais ce diable de Vautour a voulu tout faire... il a escamoté le fouet, s'est emparé des rênes, a toujours donné à gauche, et, patatra ! il nous a versés dans l'ornière... Je ne veux plus qu'il me conduise... Quant aux trois autres prétendants, le Duc, le Coq et l'Aiglo, ils peuvent s'entendre, ce sont des gens bien élevés...

JACQUOT.

Mais lequel enfin préférez-vous, ma petite France ?

TOUS.

Oui, lequel ?

JACQUOT.

Car enfin, nous sommes là à attendre... nous ne savons pas...

FRANCINETTE.

Oh ! le moment n'est pas venu encore de me prononcer.

JACQUOT.

Que faire alors ?

FRANCINETTE.

AIR *de Persuis.*

Ralliez-vous tous, en ce jour,
Contre l'ennemi qui menace ;
Avant tout, chassez le Vautour,
Que d'abord il cède la place !

JACQUOT.

Contre lui soyez tous unis,
L'union fait notre espérance;
Gens d'honneur de tous les partis,
N'ayez qu'un cri : Vive la France !

TOUS.

N'ayons qu'un cri : Vive la France !

VAUDEVILLE FINAL.

CHOEUR GÉNÉRAL.

AIR : *Hardi coureur.* (Lorgnon.)

Ouvrons, ouvrons aux beaux
Oiseaux
Notre volière
Hospitalière...
Oiseaux méchants, envolez-vous,
Ne faites plus vos nids chez nous!

FRANCINETTE.

Nos brav's soldats, dont l'honneur nous est cher,
N'écout'ront pas une ligue ennemie...
Ils savent bien qu' mettre la crosse en l'air
Ce s'rait à bas mettre notre patrie !

CHOEUR.

Ouvrons, etc.

CASCARET.

Le socialism' nous dit d'un ton criard :
J' te mang' tout cru, malheureux, si tu bouge !
Ne craignons rien : en Franc', comme au billard,
Y aura toujours deux blanches contre un' rouge !

CHOEUR.

Ouvrons, etc.

LE CHAT-HUANT.

Pauvres martyrs d' l'association,
Faut' de clients vous fermez votr' boutique;
Votre principe en théorie est bon,
Mais c' qui vous manque, hélas ! c'est la pratique !

CHOEUR.

Ouvrons, etc.

LE SERIN.

Le communisme, en tous lieux détesté,
Et pour lequel nous sommes trop sévères,

N'f'ra pas d' chang'ments à la propriété...
Il n' veut changer que les propriétaires.

CHOEUR.

Ouvrons, etc.

L'HIRONDELLE.

A tous les maux la France s'exposa
En nous criant trop fort : Viv' la réforme !
Et maintenant, elle se sauvera
En recriant plus fort : Viv' la réforme!

CHOEUR.

Ouvrons, etc.

LE CANARD.

La république est, dit-on, sauf erreur,
Un s'cond soleil dont l'éclat nous étonne...
Mais de cet astre, oui, telle est la hauteur,
Que ses rayons ne réchauffent personne.

CHOEUR.

Ouvrons, etc.

JACQUOT.

Un journal roug' s'écrie avec fracas
Qu'à l'voir descendr' dans la ru' faut s'attendre...
Mais ce journal est descendu si bas,
Que, désormais, il ne peut plus descendre !

CHOEUR.

Ouvrons, etc.

PINCETOUT.

Nous conseillons de refuser l'impôt,
Et ce conseil est facile à comprendre.
Personn' ne doit entamer son magot...
Car, tout entier, c'est nous qui voulons l'prendre !

CHOEUR.

Ouvrons, etc.

JACQUOT, *au public.*

Notre férule a toujours frappé sec...
Nos ennemis crîront, c'est leur coutume...
Mais nous ferons, malgré leurs coups de bec,
Aux oiseaux roug's une guerre de plume.

CHOEUR GÉNÉRAL.

Ouvrons, ouvrons aux beaux
Oiseaux
Notre volière
Hospitalière,
Oiseaux méchants, envolez-vous,
Ne faites plus vos nids chez nous.

FIN.

Imprimerie Dondey-Dupré, rue Saint-Louis, 46, au Marais.

www.ingramcontent.com/pod-product-compliance
Lightning Source LLC
LaVergne TN
LVHW021528140926
848035LV00047B/1246
* 9 7 8 2 3 2 9 4 8 9 4 3 8 *